從老爺到少爺
品牌再造新面貌

CEO/ 沈方正 Winston

》 **主要學歷**

政治大學阿拉伯語文學系

政治大學企研所企業家管理研究班

美國康乃爾大學旅館學院飯店不動產投資課程結業

》 **主要經歷**

老爺酒店集團執行長

礁溪老爺酒店總經理

知本老爺酒店：

　　行銷業務部協理、副總經理、總經理

來來大飯店（現為台北喜來登飯店）：

　　客務部、業務部、餐飲部主管

》 **送給兩岸學生的一句話**

失敗不是個壞事兒

》 **人生最想去完成的三件事**

❶ 冰河裡面划獨木舟

❷ 去離台灣最遠的國家——阿根廷旅行

❸ 建立各事業體的接班人計畫

關於老爺 · 關於沈方正

▲ 很特別的個案專訪開場——宜蘭小吃

當我們團隊在 2010 年第一次接觸到沈方正時，他剛接下老爺酒店集團執行長不久。那一年開始，整個集團有了很不一樣的動能。我們個案團隊想了很久，想要為這種改變定義一個名詞，也為此個案找到主軸。經過了一段時間，最後定調為「老爺變少爺」！少爺變老爺是一種自然現象，老爺變少爺則需要許多的謀策及魄力，經過了這幾年，老爺真的不一樣了……

十家頂尖企業的專訪地點都在企業的場域內進行，但沈方正執行長給了我們很不同的安排與體驗。專訪當天，我們一行人（包含遠道而來的三位上海復旦大學老師）從台北驅車前往礁溪老爺，下了車在大廳略事休息，隨即沈方正執行長便押著一台中型巴士，帶著我們一行 11 人的個案團隊來到礁溪中山路上最知名的八寶冬粉、香菇肉羹老店用餐。

時值大暑，熱氣當頭，店裡人氣鼎沸，沒有冷氣，滿桌宜蘭地道佳餚（鴨賞、鯊魚煙、香菜捲）當然被我們一掃而盡，但也真是吃得滿頭大汗、前襟濕到後背去了。餐畢，沈方正執行長的安排是一起去吃冰！一行人浩浩蕩蕩徒步走了一小會兒，在德陽路、消防隊斜對邊上的古早味秀蘭阿姨泡泡冰，降了大半暑氣。

這真是個很不一樣的專訪開場、他也真是位很獨特的執行長。

老爺酒店集團一直以來都是個較為穩靜的飯店集團，但它的潛質及動能是國內許多集團較為罕見的。它在 1990 年代就將飯店開到海外的模里西斯以及尼加拉瓜，分別與 Accor 以及 InterContinental 合作；2005 年再將飯店開到了帛琉、2011 年到了越南（皆與 Nikko 合作）。當台灣的飯店經營者還受制於島內思維框架時，老爺酒店集團已跑得相當遠，也早早走進國際化的潮流中。

這幾年，在觀光大環境的良善發展下，加以礁溪老爺及知本老爺在溫泉與休閒度假飯店的領導品牌形象，各方邀約接踵而至。沈方正執行長掌握了機緣、推動品牌再造，將集團品牌進一步區分為「國際級五星酒店」、「文創設計酒店」、「都會商務酒店」。

由於品牌再造成功，這幾年集團成長快速，相繼開設老爺會館—台北林森（2013）、北投老爺酒店（2014）、台南老爺行旅（2014）、宜蘭傳藝老爺行旅（2017）、台中大毅老爺行旅（2018），以及南港老爺行旅（2019）。

哇，老爺真的不一樣了！在集團品牌再造下、在新品牌推出後，有非常不一樣的改變，就讓我們一起來看看老爺變成少爺的精彩歷程！

從老爺到少爺

品牌再造新面貌[*]

多年前負笈北上求學，中山北路是條熟悉的大道。一幢紅磚白牆、表現歐洲風格的 12 層建築物即坐落於中山北路的商業中心區，兩旁的林蔭，更平添了一份幽靜之美，這就是 1984 年成立的台北老爺酒店（Hotel Royal-Nikko Taipei）。看到老爺，就知道離台北火車站不遠，就知道在返家的路上。

▲ 台北林蔭大道中的台北老爺酒店

台北老爺酒店不遠處，是 1977 年成立的老爺會館—台北南西（Royal Inn Taipei Nanxi），位處於台北中山捷運站附近的第二邸大樓（八樓以上）。外觀雖不顯眼，甚至會讓你疑惑是否走錯區域，但進入大廳，日式雅緻的裝潢設計映入眼簾，就會讓你感到舒適；空間雖然不大，物品卻乾淨整齊不雜亂，服務人員親切的問候，讓你彷若回到家；這裡的外籍旅客居多，早餐時分，各式的語言交雜，卻又讓你彷若置身國外。老爺會館—台北南西的樣貌即是如此多樣。

這麼多年來，老爺的印象深植在遊子的中山北路往返家途間，也深植在許多台北人、台灣人、旅人的心中；但在課堂上，當我們討論到老爺酒店集團時，從學子的表情中，你全然明瞭，他們對於老爺這個品牌的印象是模糊交雜的，他們心裡是這樣想：

「台北老爺與礁溪老爺有關係？」

而進一步追問關於集團的運作與發展，我想他們心中每個人都暗忖：

* 本個案係由台灣師範大學運動休閒與餐旅管理研究所**王國欽**老師、輔仁大學餐旅管理學系暨研究所**駱香妃**老師、國立屏東大學休閒事業經營學系**陳玟妤**老師與欣聯航國際旅行社（雄獅集團關係企業）總經理**陳瑞倫**博士共同撰寫，其目的在作為兩岸學子課堂討論之基礎，而非指陳個案公司事業經營之良窳。個案內容參考公司實務，並經編撰以提升教學效果。本個案之著作權為王國欽所有，出版權歸屬心理出版社股份有限公司。

「老爺有飯店在國外？」

一家立居台北、台灣，深耕國際化多年的酒店集團，為何年輕學子或者我們都對於這個品牌的印象如此不熟悉？

這現象對於老爺酒店集團是問題也是契機，而其切入解決方式則為導入集團的全面品牌再造過程。從 2010 年開始，集團著手品牌再造，首次引入外部的品牌再造顧問團隊──奧美（Ogilvy & Mather Taiwan）[1] 居中協助，開啟了老爺到少爺的一段新旅程。

歷史發展

老爺酒店集團創辦人林清波最早是以營造業（中國大陸稱作施工隊，亦即 General Contractor）起家，於 1949 年 8 月 15 日成立互助營造股份有限公司（Fu Tsu Construction）[2]，短短 10 年時間，便從台灣營造業中最初級的丁級營造業一路升等到最高級的甲級。1969 年獲選為台灣十大營造廠之一、1999 年榮獲《商業周刊》評選為國內優良營造廠商榜首。過去這一甲子的歲月，林清波（現為互助營造企業集團總裁）透過長年累月的建築經驗積累，為之後建造飯店奠下良好的基礎。雖然進入飯店產業不是林清波總裁當時的規劃，但對於飯店的經營，他始終的經營哲學是：

「與其蓋一家一千多個房間的大型飯店，我寧願選擇蓋三家中型飯店，因為每個顧客都能享受到充分的服務。」

除了穩健踏實的經營理念外，林清波總裁對於培育人才更是重視珍惜。每年的尾牙或春酒，林清波總裁上台的第一句話一定是：

「謝謝大家到我的公司來工作，請大家回去謝謝你們的父母、親人，將你們栽培到成人，可以投入老爺體系，大家一起努力，也祝福各位同仁的家人身體健康、一切平安。」

大部分的公司老闆在尾牙或春酒講的都是業績、盈餘，而林清波總裁總是要員工安心工作，還說公司會好好照顧他們（尤其對於高齡的女性員工，林清波總裁常常會叮嚀她們說：「公司真的會照顧妳們……」）

這是老爺酒店集團的創辦人林清波不變的經營信念與對於人才的照顧；也因為這樣的堅持，老爺酒店集團的發展歷程不在於快與大，而是追求務實與穩健。説到這個集團的傳奇故事，則起源於一個台北市中山區的建案承接，因緣際會讓林清波總裁進入了飯店產業。下表為老爺酒店集團的歷史發展參考：

年代	酒店名稱	房間數
1977 年	老爺商務會館（現更名為老爺會館－台北南西）	76
1984 年	台北老爺酒店	202
1991 年	非洲──模里西斯帝王酒店	191
1992 年	知本老爺酒店	183
1993 年	中美洲──尼加拉瓜馬拿瓜皇冠廣場飯店	140
1999 年	新竹老爺酒店	208

年代	酒店名稱	房間數
2005 年	礁溪老爺酒店	194
	帛琉老爺酒店	158
2011 年	越南——西貢老爺酒店	334
2013 年	老爺會館－台北林森	81
2014 年	北投老爺酒店	50
	台南老爺行旅	223
2017 年	宜蘭傳藝老爺行旅	106
2018 年	台中大毅老爺行旅	170
2019 年	南港老爺行旅	173

◉ 1977 年，老爺商務會館（現為老爺會館－台北南西）

1977 年，當時互助營造公司協助在日本被喻為經營之神的邱永漢先生[3]興建「第二邱大樓」後，分得部分物業，遂有了老爺商務會館的誕生。當時的台灣適逢大量外國人士來台做生意，那時除了國賓大飯店（Ambassador Hotel）[4]、統一大飯店

（United Hotel）[5]等較知名飯店外，國內飯店仍相當稀少。在市場供不應求的情況下，老爺酒店集團旗下第一間飯店「老爺商務會館」（Royal Inn Taipei，現已更名為老爺會館－台北南西）便在那樣的背景下建立。

老爺會館－台北南西成立這麼多年來屹立不搖，雖僅有 76 間客房，迄今仍是老爺酒店集團旗下經營績效最好的飯店之一。

◉ 1984 年，台北老爺酒店

因為老爺會館－台北南西經營情況良好，開啟互助營造公司未來繼續往飯店經營的想法，在 1984 年成立了台北老爺酒店。當時為了提升台北老爺酒店經營內涵，林清波總裁親自前往日本，邀請大倉日航酒店管理集團（Okura Nikko Hotel Management Co., Ltd.）[6]來台協助經營管理。

當年 Nikko 開出兩個條件，分別是：「不保證賺錢」與「業主不能介入經營管理」。在林清波總裁赴日之前，許多台灣飯店業主也嘗試要引入 Nikko 體系，但都因為這兩個條件談不攏故鎩羽而歸，沒想到這件事最後被林清波總裁談定了。1984 年，台北老爺

▲故事的開啟～老爺會館－台北南西

▲集團第一家五星級酒店～台北老爺酒店

酒店遂成為台灣第一家 Nikko 體系的連鎖飯店。這個機緣與決定，讓台北老爺酒店的體質與知名度，晉升國內一流飯店經營之列。

◉1991 年，跨足海外——模里西斯

老爺酒店集團進入非洲南方島國模里西斯的市場算是相當早，當時只有 10 家國際觀光旅館進駐當地。而進駐的契機是於 1990 年初，老爺酒店集團接待了模里西斯的觀光部長等政府高層入住台北老爺酒店，良好的服務品質讓這些高層官員留下極佳印象。當時適逢模里西斯政府正在大力發展觀光產業，於是主動邀請老爺酒店集團投資。

當時在模里西斯投資的海外企業並不多，台灣政府剛好組織了一個投資考察團前往模里西斯，也在團內的林清波總裁發現，在模里西斯的人工費用只有台灣的 1/4，食物成本則是 1/2，但是飯店的房價卻是台灣的 1.5 倍，於是老爺酒店集團相當看好當地的發展潛力，認為是個值得考量的投資，便大膽地選擇模里西斯作為前進海外的第一站。在模里西斯，老爺酒店集團以相當便宜的價格買下了兩塊地，自行建造、規劃，最後並決定交給歐洲最大飯店集團——雅高酒店集團（AccorHotels）[7] 經營，以 Sofitel Mauritius L'Impérial Resort & Spa（模里西斯帝王酒店）為名。模里西斯就有如歐洲人的峇里島，所以歐洲人來此入住平均都是 7-12 天。酒店於 1991 年開幕，經營利潤率極高，為老爺酒店集團第一次跨出國際留下漂亮紀錄。

◉1992 年，知本老爺酒店

老爺酒店集團在國內兩間飯店發展多年，同時也跨足海外後，決定前往台東縣的知本發展島內的第三個據點，以休閒度假及溫泉為號召。台東知本位於台灣東部，地處偏遠，在建造上有其不便性，許多道路都是由老爺酒店集團自行拓寬。此外，當地人力不足，當時還需從台北用飛機載送建築工人過去。

那時國內只有墾丁凱撒（Caesar Park Hotel, Kenting）一家度假旅館，因此知本老爺酒店在 1992 年開幕時，相當受到矚目；它不但是台灣第一間國際級溫泉度假休閒旅館，更是台灣東部第一間國際觀光旅館。此外，知本老爺酒店也是台灣第一家引進裸湯概念的酒店。

▲ 老爺成功邁入國際～模里西斯帝王酒店

▲ 知本老爺酒店～台灣溫泉度假酒店的先驅

目前大家雖然可以接受泡裸湯這個觀念，但在二十多年前，大部分人是不敢泡裸湯的。知本老爺酒店為了忠於日本泡湯哲學，站在教育大眾的角度，毅然決然在半山腰上築起裸湯露天風呂，成為當時創舉。不過亦同時考量到當時社會風氣較為保守，並非所有貴賓都可以接受裸湯概念，因此又多建置了一個可以穿著泳衣泡湯的戶外溫泉，提供住客多種選擇。

自 1992 年開幕起，由於提供多樣性的泡湯設施、在地風味的精緻美食和純樸自然的原住民舞蹈表演，讓知本老爺酒店一直保有相當好的經營績效，並於 1999 年掛牌上櫃，成為老爺酒店集團中，目前唯一進入資本市場的事業體。

◉ 1993 年，進軍中美洲——尼加拉瓜

1990 年代，台灣政府推行固守邦交策略，當時採行的是務實外交政策，其中又與中南美洲許多國家交情最為深厚。因為某個機緣，當時的外交部找上在模里西斯做得很成功的老爺酒店集團來配合政府推動的中美洲外交政策，與新光集團（Shin Kong Group）[8] 和專營建物裝修及裝潢的九如實業（Quick Step9）合資成立公司，於 1993 年以 600 萬美元從當時的尼加拉瓜獨裁政府蘇慕薩（Somoza）家族手中接下國有飯店開發案（此乃因當時尼加拉瓜經濟不好，政府希望業者接手經營）。

這間飯店位於首都馬拿瓜（Managua），在尼加拉瓜是棟傳奇建築，曾經歷過大地震，也曾在政變中被反抗蘇慕薩政府的桑定政權游擊隊佔領過。該飯店經老爺酒店集團重新翻修完成後，決定交由洲際酒店集團（InterContinental Hotels Group PLC, IHG）[9] 來管理。原本此酒店是「InterContinental」這個品牌，但後來因為 IHG 集團表示當時有另一個「InterContinental」的酒店將在尼加拉瓜開幕，所以要求老爺 Rebrand 改名，並掛名為尼加拉瓜馬拿瓜皇冠廣場飯店（Crowne Plaza Hotel Managua）。

此酒店擁有典型馬雅文化的金字塔設計風格，為市內重要地標，鄰近國際機場、總統府、大使館和各觀光景點，擁有可容納 2,000 人的大型會議中心，因此是許多政商名流造訪尼加拉瓜時指定下榻的酒店，成為尼加拉瓜第一間國際集團經營的觀光酒店。

◉1999 年，新竹老爺酒店

1999 年新竹老爺酒店（Hotel Royal Hsinchu）成立，原為互助營造公司建造的辦公商業大樓，因為承租業主出現財務困難，老爺酒店集團看到當時新竹科技業盛況，決定買下整棟大樓打造經營，遂成為新竹地區第一間國際觀光旅館，交通便利，鄰近新竹科學園區，是許多國內外高科技廠商出差新竹的首選。

▲ 新竹老爺酒店別具特色的 Door Girl

◉2005 年，礁溪老爺酒店

礁溪老爺酒店（Hotel Royal Chiao Hsi）原址為五鳳旗大飯店和快樂山莊，當時業主把兩家公司和用地整合起來，找老爺來經營，於 2005 年在宜蘭開幕，由沈方正執行長擔任總經理一職。這是老爺酒店集團繼知本老爺的成功經驗後，再次進入休閒溫泉度假市場。

礁溪老爺酒店在建築設計上與日本前三大專業設計師事務所「久米設計」（くめせっけい）[10] 合作，以設計統包模式，從結構、裝潢到燈光、庭園造景的設計，全由日本團隊執行。而在經營上則是台灣首間實施一泊二食[11] 制度的飯店。礁溪老爺酒店甫開幕便獲得前所未有的成功，連續多年榮登世界小型奢華酒店（Small Luxury Hotels of the World, SLH, 2008-2019）[12] 會員；2013 年並取得多個國際級獎項以及「世界奢華飯

▲ 礁溪老爺酒店～台灣溫泉度假酒店的第一品牌

▲深受日本人喜愛的帛琉老爺酒店

店大賞」（World Luxury Hotel Award）之殊榮。此外，礁溪老爺酒店歷年榮獲五星級飯店評鑑、遠見及天下等媒體服務評選冠軍、蕃薯藤 2014 全台十大溫泉酒店冠軍，更從 2013 年起，蟬聯知名網站 TripAdvisor 全球百萬網友票選的「旅行者之選」（Traveller's Choice），囊括「奢華飯店」、「家庭出遊飯店」、「熱門飯店」、「最佳服務飯店」及「人氣家庭式飯店」等幾大獎項。

◉ 2005 年，帛琉老爺酒店

位處太平洋上的帛琉老爺酒店（Palau Royal Resort）與礁溪老爺酒店於同一年開幕。帛琉老爺酒店之興建，打破以往互助營造蓋飯店的紀錄，所有建築原料幾乎都是由台灣運送過去，花費近 400 個貨櫃，連同營建工班從台灣整批運送過去，從無到有將飯店蓋起來，只費時一年四個月完工，震撼了當時的旅館業。

帛琉老爺酒店為了營造一間充滿度假氣息的飯店，並考量到帛琉有很多日本遊客之特色，特別聘請夏威夷和日本等地的設計師負責企劃設計。其地理位置在市中心附近的馬拉卡爾島（Malakal Island），距離機場 30 分鐘，是當地頂級飯店之一。

◉ 2011 年，越南西貢老爺酒店

互助營造公司 2003 年起就在胡志明市投資土地開發，是越南第一個百分之百外資投資的不動產開發案，包含了購物中心、商業辦公室。隨著商務旅客往來頻繁，2011 年西貢老爺酒店（Hotel Nikko Saigon）在越南開幕，此間酒店有 334 個房間以及 58 個兼有住家和旅館特色的商務套房 Service Apartments，成為老爺酒店集團布局全球的第四站。

擁有九千多萬人口的越南，在 2007 年

加入世界貿易組織（World Trade Organization, WTO）[13] 後，近年來經濟發展迅速，吸引許多國外的廠商進駐與投資。而日本長期積極拉攏南亞，以制衡迅速崛起的中國，因此日本在越南有相當多的投資。考量此因素，西貢老爺酒店同樣委託 Nikko 負責管理。

越南西貢這個點是一個綜合開發案，分為三期土地開發，第一期含兩棟商辦及百貨公司，第二期為 2011 年 12 月開幕的西貢老爺飯店。因此，南港老爺行旅董事長廖年祈在南港老爺行旅開幕時便透露，集團正在評估在第三期土地開發將擴大飯店投資。酒店位置坐落於西貢的新商業複合區，經營績效良好。

整體而言，老爺酒店集團在國外發展時最特別的部分，就是自己建造、設計規劃和定位，並且在每一個駐外的 Property 都會派駐外代表，包含採購、工程和財務人員等。

◉ 2013 年，老爺會館－台北林森

2013 年 6 月老爺酒店集團在台灣的第六家據點「老爺會館－台北林森」（Royal Inn Taipei Linsen）開幕，簡約精巧的空間設計，精緻完備的酒店備品，坐落於大台北熱鬧的林森商圈，為城市商務及購物旅客提供舒適便捷的住宿服務。其定位與老爺會館－台北南西相近，但在客房部分採用年輕化、時尚風格的設計。

2014 年是老爺酒店集團重大躍進的一年，它打破以往模式，不再侷限於既有之經營模式（自造自營）；分別切入了健康療癒型與設計型酒店。

▲ 走入平價及年輕化的老爺會館～台北林森

▲ 台灣首家結合健康、醫療概念的酒店～北投老爺酒店

◉ 2014 年，北投老爺酒店

2014 年 1 月 13 日開幕的北投老爺酒店（Hotel Royal Beitou），是台北市政府衛生局為推動觀光醫療產業，在北投區興建「台北市北投觀光醫療暨健康保健中心」，並藉由 OT（Operate-Transfer）[14] 的形式，由北投老爺酒店與北投健康管理醫院共同組成「台北國際醫旅」團隊執行管理。大樓的 1 樓、6-12 樓，為北投老爺酒店經營；2-5 層為北投健康管理醫院；飯店附設醫院，從照顧人的休閒，延伸到照顧人的健康，因此有醫師、復健師、食品營養諮詢師等。北投老

爺酒店結合 Spa 美容、醫療健檢以及休閒觀光三大主軸。飯店內房間數目前為 50 間。

「台北國際醫旅」首創結合「禮賓式酒店、健康管理、美容醫學」三合一的創新服務，將酒店客群鎖定在亞洲市場高消費族群。這間飯店堪稱是全台第一間同時擁有醫療健檢與觀光旅館執照的飯店，也是第一家「健康療癒型度假飯店」（Wellness Hotel）。

◉ 2014 年，台南老爺行旅

2014 年 2 月 10 日開幕的台南老爺行旅（The Place Tainan）是老爺酒店集團旗下第一間設計飯店，位於南紡購物中心（Tainan Spinning Mall）[15]。受台南紡織股份有限公司（Tainan Spinning）[16] 邀請，與統正開發股份有限公司（President Fair Development Corp.）[17] 共同合作參與此購物中心開發案。目前老爺酒店集團承租飯店部分（租期為 20 年）。老爺酒店集團將飯店規劃為帶有歐風設計的潮飯店，總共 223 間客房，與南紡購物中心連接，是台灣首間與購物中心結合的飯店。「The Place 老爺行旅」以打

▲ 別具特色的老爺行旅客房

造「Fun、Fusion、Fashion」的獨特酒店為品牌特性，並作為台灣文化資產與設計師的交流平台，創作出激起旅客玩心與發現驚喜的所在。

為了讓飯店空間及房間充滿獨特設計感，老爺行旅選擇荷蘭名設計公司——麥肯諾建築師事務所（Mecanoo）[18] 操刀設計。

沈方正執行長提到他當時給荷蘭來的設計師一個使命：「四百年前荷蘭人曾經來到台南，離開了這麼久，台南有何變化？」希望能把這個變化放到設計裡，並將目標客群鎖定在 35 歲以下的年輕族群，平均房價在 3,000 元左右。有別於時下潮流飯店之炫麗耀眼訴求，台南老爺行旅透過傳統設計再創新，配合台南與荷蘭特有的歷史背景，融合東西方文化設計打造屬於台灣人的 W 飯店（W Hotels）[19]（唐家興，2012）[20]。

台南老爺行旅是老爺集團旗下「行旅」的首間飯店，為集團新的經營模式開先鋒。館內總共涵蓋 120 坪之展覽空間，每一個樓層會有不同的展覽主題，入住旅客可在此陶冶藝術氣息；此外，台南老爺行旅也著重在

▲ 充滿設計感與在地文創商品的台南老爺行旅 Lobby

地文化的呈現，結合文創設計，在於大廳一隅的「甘情」商號設計產品店，展示出在地設計師與職人的傑出作品，讓藝術和在地文化完美融合。行旅空間內更是台南古都的小小縮影，館內建築大量使用窗花、磚瓦、木材及房間內的「紅眠床」等元素，讓現代摩登設計的飯店內重現親切的台灣古早味，拉近在地與旅客之間的交流連繫，旅客能夠在住宿期間隨時感受古都之美。

◉ 2017 年，宜蘭傳藝老爺行旅

在以拉近旅人和傳統藝術為使命的目標下，2017 年第二家老爺行旅於宜蘭開幕，落腳於國立傳統藝術中心傳藝文化園區。行旅占地 3.5 公頃，園區內之原始建築為國際知名建築師黃聲遠[21]設計，運用古典江南園林點綴環境，加上紅磚黑瓦、清水模與洗石等素材，打造三合院式閩南古厝風貌，展現鮮明活潑的傳統之美。

同樣地，老爺行旅邀請荷蘭設計團隊麥肯諾操刀，運用「屋中屋」室內設計手法，保留原始閩南建築外觀，揉合東西方風格，

▲ 結合現代與傳統的宜蘭傳藝老爺行旅

打造兼具舒適與時尚的旅宿空間，迸發全新的藝旅想像。

由於行旅位在傳藝文化園區內，旅人憑房卡即可暢遊園區、欣賞戲曲表演、工藝體驗、懷舊童玩以及手作工坊。

◉ 2018 年，台中大毅老爺行旅

鄰近台中美術館和草悟道精華商圈的台中大毅老爺行旅 2018 年成立。總經理蔣大雄原任職於晶華國際酒店集團旗下之蘭城晶英酒店，擔任總經理一職，擁有超過 30 年的飯店工作經驗。

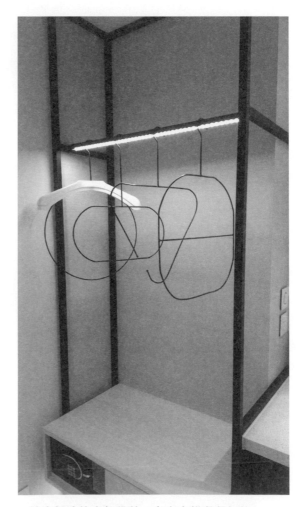

▲ 饒富趣味的衣架設計～台中大毅老爺行旅

台中大毅老爺行旅內部空間如同美術館，以沉穩的灰色和白色基調呈現建築主體，在館內偶遇藝術家設計的可愛作品，讓旅人充滿驚喜；房間運用大量幾何造型線條呈現時尚設計感，樓層簡介文字巧妙加入台灣方言，例如餐廳命名「來呷」、大廳命名「來家」，客房則為「來睏」，讓入住的旅客不禁會心一笑，感受家的味道。

◎ 2019 年，南港老爺行旅

2019 年 3 月南港老爺行旅開幕，地處集結科技、藝術和金融的南港軟體園區內，並緊鄰南港展覽館 2 館[22]，地理位置優越。南港老爺行旅位在「新光南港軟體園區大樓」內，由旅館與辦公室共構而成，是老爺酒店集團再次與新光集團合作，並在建築時就參與規劃。行旅承租 10 至 20 樓，同樣委請荷蘭麥肯諾團隊負責裝潢設計。

南港老爺行旅的設計，融入了科技、在地及文創特色；在 10 樓櫃檯，行旅與旅安資訊公司合作，首次導入了全自動自助式 Check-in 與 Check-out 機檯，是飯店一大亮點。在設計上，行旅亦巧妙地融入許多南港在地之港口、紅磚、茶葉等具歷史意義的圖紋元素，將不同時刻的南港意象呈現於館中。除了房間別有設計感外，南港老爺行旅並邀請多位不同領域的藝術家在公共空間設置現地創作藝術作品，讓旅人透過與藝術作品互動，感受台北文化底蘊。

截至 2019 年，老爺酒店集團在海內外已擁有 15 間不同類型之飯店。雖然據點數不若國內有些酒店集團發展之速（如：晶華國際酒店集團[23]、雲朗觀光集團[24]），但它背後所建立之核心能力（Core Competency）[25]，卻

▲ 方便旅人的自助式入住及退房機檯～南港老爺行旅

顯著與其他酒店集團有所不同。

一般而言，在酒店不動產的開發過程中，通常會有四個角色產生，分別為：Developer（開發商）、Constructer（營建商）、Owner（業主）以及 Manager（管理者）。許多酒店不動產的開發過程中，參與其中的企業可能只扮演其中一或兩個角色，譬如在歐洲和美國有非常多的酒店，都是由壽險公司擁有。壽險公司通常手中握有大筆資金，因此為了它的資產配置，往往會有一定比例投資不動產、投資酒店。但這些壽險公司通常只選擇 Owner 這個角色，它不參與開發，也不負責營建及管理。

老爺酒店集團最特別的地方，也是沈方正執行長定義它的核心能力所在，就是這四個角色一起扮演：

「我們自己會蓋、也會做開發、也會做管理、我們自己也是業主,在我們集團的不同酒店裡,有的時候是四個角色,有的時候是三個角色,有的時候是扮演兩個角色,這是非常有趣的地方,我們唯一獨缺有一個單一的角色還沒有做,就是 only to be manager 這個我們沒有做……」

目前老爺酒店集團的海外酒店都是交給別人經營,在台灣本島則是自己經營。因為集團目前發展的 Know-how,在國外自己蓋、自己跟國外政府談判——不論是購地或租地或者是興建都沒問題,但是在管理方面,沈方正執行長認為一時之間還走不到國外去。而他也進一步表示:

「海外酒店譬如:模里西斯、尼加拉瓜等,位處歐美地區距離台灣太遠,老爺對於當地客源陌生,且在經營管理上,文化、語言、習性都需要克服,距離遠的酒店要自己管理有很大的困難。至於近的地方如越南、帛琉,雖然台灣不缺英、日語人才,但考量越南、帛琉的日客都有一定比例,因此老爺酒店集團委託 Nikko 管理,不管是來自日本或台灣的旅客都能被照顧得很好。」

品牌定位

因緣際會進入飯店產業的老爺酒店集團,雖然已累積數十年的酒店管理資歷,但許多的經驗主要來自國際酒店連鎖系統之學習,例如來自:Nikko、InterContinental、Accor 等多個不同的體系。因此在集團的品牌定位上,究竟要如何拿捏與切入,是重要課題所在。

◉ 老爺,華人服務專家

亞洲為主的幾個飯店集團,例如:香港的半島酒店集團(The Peninsula Hotels)[26] 成立於 1928 年、香格里拉集團(Shangri-La Asia Limited)[27] 首間酒店位在新加坡,成立於 1971 年,皆是華人圈裡發展酒店較早的集團,其西方色彩濃厚,在酒店的管理系統、服務或者旅客的體驗感覺上,仍是混合著洋味的亞洲風格。

想要與這些相當有歷史、又具有全球品牌知名度的集團區隔,並帶入台灣特有之文化及人情味,老爺酒店集團的品牌定位之路,沈方正執行長是這樣想的:

「在整體的發展上面,我們自己給自己有一個比較不一樣的定位,因為我們自己覺得,台灣人相對來說是屬於非常好客的,然後很親切,有所謂的『台味』,其實這種屬於人的感覺,屬於服務的感覺,在經營酒店行業裡面是很重要的一個特質。」

「我們自己現在給自己的定位呢,就是希望成為『華人的服務專家』。這對於在台灣一個經營酒店業來說,是一個有機會的一種定位……」

「我們非常希望能夠經由我們的服務,經由我們的軟、硬體設計,可以發展出一個屬於華人的獨特的那個調調,去除掉原來在亞洲經營酒店的這種『洋味』,但要創造出屬於外國人、國際旅客大家可以共通、可以瞭解、可以會心一笑、可以喜歡的一種品牌和服務方式。」

在品牌定位確立下，如何更精確地進行策略切入，以區隔與競爭者之差異，同時迎合旅客需要，「在地化」和「國際化」成為一個重要的思索點，這也是每一個酒店都會共同面臨的問題。

◉ 在地國際化

每一個酒店的所在地，都是一個在地，而經營的如果是國際型酒店，客人有相當程度比例是國際旅客，則是國際化。如何有效地結合兩者，沈方正執行長認為：

「酒店經營管理者的重要任務就在於要讓最 Local 的東西跟最 International 的東西做好溝通，讓國際來的人對這個地方有一種感覺，喜歡這裡，覺得這個地方非常好，這個就是在經營酒店裡面，最高的境界。」

「比如說我到南美洲，到了阿根廷布宜諾斯艾利斯，找了一家酒店住進去。根本不要走進那個城市，在酒店裡面，我就充分感受到南美洲以及布宜諾斯艾利斯這個城市。那樣子的話，我覺得其實在目前國際化，或者是國際酒店大型化的競爭裡面，那個是唯一你能夠勝過目前像：Starwood（2016 年為 Marriott 集團購併）、Hilton、Hyatt 這些酒店集團，他們都是已經在這個產業，像 Hilton 已經超過 100 年時間了，然後國際五大洲都有點，你要真的能夠贏過他們，其實必須是你的在地化程度高，但又能被國際廣為接納，這樣的差異化，才能跟國際集團進行真正的競爭，也是你在品牌塑造上，你自己會有的 Niche，我們目前也朝這個方向在努力……」

品牌再造

在台灣的酒店集團中，論年紀及輩份，老爺酒店集團算是一個相當資深的阿伯級長輩。在 2010 年沈方正執行長接任這個職位後，即在思索如何賦予這個集團不同之面貌、如何讓集團下的各品牌資源運用能更有效率及一致性。

◉ 品牌發展問題

沈方正執行長發現：「老爺酒店在不同的點開的時候，品牌形象無法累積，品牌個性也難以形容。」

沈方正執行長進一步說明：「像有一些日商或是日本客人問到我們的同仁你在哪邊工作，同仁如果回答在老爺酒店，那日商或是日本客人就會覺得，老爺就是指晶華酒店旁邊的那家老爺酒店；那在知本老爺開的時候，如果同仁被問到在哪邊工作，同仁說在老爺，就會被認為是在知本老爺工作。」

經由上述可知，消費者對老爺不同家酒店的印象是分開、不一致的，這樣對品牌的累積的確是有困難的，這也就是老爺酒店集團進行品牌再造很重要的一個原因。

以下頁老爺酒店集團各品牌的 Logo 為例，即潛藏集團發展多年之後，在沒有特別關注集團品牌的企業識別系統（Corporate Identity System, CIS）[28] 的情況下，所造成的不一致及混淆，其中隱藏以下問題：

首先在圖像設計方面，五個品牌 Logo 呈現出 Nikko（hotel royal taipei）以及老爺兩種不同系統——五個水滴 vs. 九個水滴。

▲ 識別設計相當不一致的老爺酒店集團各品牌 Logo

在字型上，中文呈現出酒店與會館兩種不同系統；在設計上，文字及圖像的組合模式呈現四種系統（老爺大酒店 vs. 會館 vs. 新竹 vs. 知本／礁溪）；最後在顏色上，無論圖像與字體均呈現不同標準色。

就以上品牌之 Logo 分析，在顏色、字體、組合、圖像設計考量上，老爺酒店集團展現出多樣的品牌面貌，各品牌缺乏一致性的規範與架構。顯見這麼多年發展下來，老爺酒店集團並未進行明確的品牌訊息溝通，致各品牌有各品牌之訴求，溝通效益有限，無法有效累積老爺酒店集團品牌資產。

此外，在數位時代下，官網之設計是否也潛藏了集團品牌發展問題？從集團官網及

各品牌官網可發現以下問題：

老爺酒店集團官方網站（下圖上排左）是旅客接觸集團飯店的重要接觸點，然其功能拘限於各品牌飯店官網連結，樣貌較本土與傳統，缺乏集團官網所應承載的訊息與現代化樣貌。此外，各品牌之官網，如同前述 Logo 之問題，缺乏一致性樣貌，無法有效累積品牌資產，需發展符合品牌識別系統規範，創造品牌的整體性。

從上述問題分析，品牌再造成為老爺酒店集團無法避免之問題，也成為沈方正接下執行長後，第一個重要任務。

品牌再造，一般指的是在既定的品牌基

▲ 老爺酒店集團各品牌舊官網設計

礎上，從品牌策略上著手，對該品牌進行重新研討、重新定位、重新評估，進而針對品牌去做調整、變動與品牌創新，使原本的品牌獲得新的生命力與競爭力。

要做品牌再造必須得先瞭解「品牌」（Brand）的定義與作用是什麼。品牌是「一種名稱、術語、標記、符號或圖案，或是它們的相互組合，用以識別企業提供給某個或某群消費者的產品或服務，並使之與競爭對手的產品或服務相區別」（Kotler, 1967）[29]。

品牌也被認為是產品加上價值；品牌由實體與心理組合而成。實體的部分是要能確保品牌名稱與組織或產品聯繫起來，且和其他競爭者產品能有所區別；心理的部分則是要確保產品在溝通、保證和行為上能夠一致、有連貫性，以及能符合特性（Bernstein, 2003）[30]。Schroeder 和 Salzer-Morling（2006）[31] 也在 *Brand Culture* 一書中提及，品牌的打造是種文化的過程，而品牌文化也介於管理模型與消費者研究之間的理論空間（Theoretical Space），它可以將那些探討策略的品牌研究與從詮釋觀點出發的消費者研究銜接起來。

◉ 品牌再造發展程序

品牌再造的程序一般有四個階段，亦即：品牌探索、品牌承諾、品牌表現、品牌行動。

品牌探索	・透過內外不同面向的探索，深入檢視目標企業的現況與探討未來
品牌承諾	・定義企業母品牌與子品牌的核心價值與承諾 ・制定出企業的品牌架構
品牌表現	・建立一套專屬目標企業的企業識別系統（CIS）
品牌行動	・針對各階段內的項目發展品牌行銷活動，藉由這些行銷活動的執行達到建立品牌之目的

首先第一階段的「**品牌探索**」（Brand Exploration），其重點在於找出老爺酒店集團的核心價值。到底老爺想傳遞給消費者的價值是什麼？老爺的品牌特色又是什麼？

此部分又可分為對內與對外兩個部分：對內，透過一對一訪談老爺酒店集團的高階主管與核心團隊，探索對於品牌的願景、架構，品牌的由來、概念，藉此描繪老爺酒店集團品牌的未來方向。

對外，則舉辦了三場顧客座談會，以及進行市場調查分析，藉此蒐集顧客對老爺酒店集團的評價、觀感，並測試品牌的魅力，作為品牌未來的行銷通路及方式的參考。

完成品牌探索後，下一步該做的即為第二階段的「**品牌承諾**」（Brand Promise）[32]，其中最重要的是找出適合企業的「品牌架構」（Brand Architecture）[33]，並制定出合適的品牌發展策略計畫，其中包含：定義品牌個性、品牌價值、服務之道及品牌承諾。

經由前一階段的品牌探索，老爺酒店集團最終定義品牌個性為：「溫暖體貼，放心

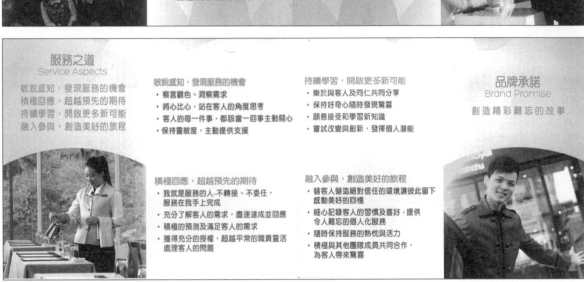

▲ 老爺酒店集團完整的品牌承諾展現

無憂，活力精彩」；品牌價值則為：「總是感受到『被照顧的感覺』，品味在地文化，編織美好回憶」；服務之道則為：「敏銳感知，發現服務的機會；積極回應，超越預先的期待；持續學習，開啟更多新可能；融入參與，創造美好的旅程」；而品牌承諾則是：「創造精彩難忘的故事」。

而品牌再造的第三個階段則是「**品牌表現**」（Brand Performance）[34]：此階段除了進行既有老爺酒店集團的品牌視覺檢視外，最重要的是要進一步建立老爺酒店集團的企業識別系統（CIS）以及相關品牌文宣，讓企業無論對內或對外均能產生一個標準且具差異性的良好印象。

一般 CIS 可以包含三個子系統：首先為「理念識別系統」（Mind Identity System, MIS），理念識別係指企業的經營理念、對外精神標語、對內精神口號、員工座右銘等。其次為「活動識別系統」（Behavior Identity System, BIS），活動識別係指企業為了提升形象、強化識別能力、增加利潤所做的一切活動；其內容包括企業內部的員工教育，對外包括市場調查、產品開發、促銷活動、回饋社會的公益活動。最後為「視覺識別系統」（Visual Identity System, VIS），乃指眼睛可以辨識的圖案、符號、文字、色

hotel royal
老爺酒店集團

hotel royal
老爺酒店
國際級五星酒店

the place
老爺行旅
文創設計酒店

royal inn
老爺會館
都會商務酒店

▲ 經品牌再造後，集團整體視覺識別更為清晰一致

彩和各種造形；其內容包括企業標誌、中英文標準字、組合系統、標準色、專用造形、象徵圖形、指定字體、輔助色彩、事務用品、交通工具、標幟、旗幟、指示標誌、建築外觀、櫥窗規劃、證件、服飾配件等。

針對 CIS，老爺酒店集團進行一連串的討論、訓練及改變，其中更新並統一了集團 Logo，在文字及顏色上區別：集團、酒店、行旅及會館，此設計為新的品牌架構，讓各品牌呈現出一致，但又具差異性的識別。

除了 CIS 外，在文宣的著力上，老爺酒店集團改變以往的各自為政，統一進行招募海報設計，並製作品牌教育學員手冊、品牌隨身卡等，種種努力都是期待能讓此階段品

▲ 品牌教育學員手冊

▲ 招募海報

牌表現深入每個老爺員工的心中，並期待在下一個階段的品牌行動中有所展現。

最後，品牌再造的第四階段則是「**品牌行動**」（Brand Action）：指的是關於品牌內外的品牌行銷傳播活動，其內容可分內外兩部分，對內部分必須完整傳遞品牌承諾、核心價值與企業識別系統，形成一致性的共識，凝聚集團與各飯店的向心力；而對外部分則是主動的傳播行動，向顧客／市場展現新的品牌策略與作為。

老爺酒店集團對內透過品牌教育訓練，進行高階主管品牌 Workshop、培訓品牌大使（每個點都由 6-7 位較資深的同仁擔任）、進行員工品牌教育、透過員工的力量發掘老爺故事進行分享（每個月彙整至總管理處，年度再進行遴選及表揚），最後各品牌並進行品牌之星票選，以徹底落實品牌行動。

品牌架構的決定

品牌再造過程中，品牌架構的決定尤為重要。面對老爺酒店集團潛藏已久的品牌發展問題，加上主要競爭者，如：晶華國際酒店集團積極推出新品牌（如：捷絲旅、晶英、晶泉丰旅、晶英國際行館）；老牌的中信酒店集團更名為雲朗觀光集團，進行全面性的品牌再造。

老爺酒店集團應該採取何種品牌架構，以應對集團未來的發展及競爭？

一般品牌架構可分為：「單一模式」（Monolithic Model）、「背書模式」

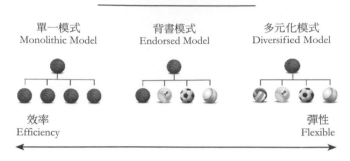

品牌架構
Brand Architecture

單一模式　　　　　背書模式　　　　　多元化模式
Monolithic Model　　Endorsed Model　　Diversified Model

效率　　　　　　　　　　　　　　　　　彈性
Efficiency　　　　　　　　　　　　　　Flexible

▲ 品牌架構的三種主要模式

（Endorsed Model）與「多元化模式」（Diversified Model），如上方圖所示。

全球知名飯店品牌文華東方酒店集團（Mandarin Oriental Hotel Group）即採取「單一模式」的品牌架構。文華東方旗下全球各地的酒店都使用「文華東方」命名，如：台北文華東方酒店（Mandarin Oriental Taipei）、香港文華東方酒店（Mandarin Oriental Hong Kong），且商標也都相同。

觀察文華東方各據點之官方網站亦可發現，各酒店之官網都具有一致的設計與風格，讓顧客無論想預訂哪個城市的酒店，在打開官網瞬間都能有種熟悉感，使消費者認為這就是文華東方，走到哪裡都一樣，較容易累積品牌資產（Brand Equity）[35]。

而台灣知名之晶華國際酒店集團，主要結合「單一模式」與「多元化模式」。其特性是將其主要飯店 —— 台北晶華酒店（Regent Taipei），名稱與集團名稱相近，如此可以有效累積品牌資產；子品牌發展時，如：晶英酒店（Silk Place）、晶泉丰旅（Wellspring Resort by Silks）、捷絲旅（Just Sleep）、晶英國際行館（Silks

Club），則能做有效市場區隔。

與晶華國際酒店集團類似之品牌架構為全球最大的國際飯店集團——洲際酒店集團（InterContinental Hotels Group），亦採取結合「單一模式」與「多元化模式」，但差異處在於洲際酒店集團其中一子品牌名稱：洲際酒店及度假村（InterContinental Hotels & Resorts）與集團名稱相同，可有效累積集團品牌資產。其他子品牌則獨立發展，如：假日酒店（Holiday Inn）、智選假日酒店（Holiday Inn Express），藉由不同訴求與等級差異，極大化集團品牌觸角。

而另一個台灣近來快速發展的酒店集團 —— 雲朗觀光集團（LDC Hotels & Resorts）則以「多元化模式」發展為主。其多元化的品牌發展模式，乃透過服務類型與訴求不同，進行各酒店定位的區分，集團品牌如：君品酒店（Palais de Chine）、雲品溫泉酒店（Fleur de Chine）、翰品酒店（Chateau de Chine）等，快速地在全台各地插旗佈點。

而三種模式皆採用者，則有凱悅酒店集團（Hyatt），其母品牌，如：台北君悅酒店（Grand Hyatt Taipei）是品牌發展主要元素，採「單一模式」發展，主要掌管與客戶間的關係；子品牌，如：Hyatt Place、Park Hyatt、Hyatt Residence Club 採母品牌「背書模式」發展；在凱悅酒店集團亦有多元化的品牌發展，如：Andaz（安達仕酒店）、Thompson Hotels（湯普森酒店）品牌等。後兩者都是協助區分客戶群，但仍與母品牌維持緊密的關係，藉由發展多元化的品牌策略，讓母品牌更多元、豐富。

此外，希爾頓全球酒店集團（Hilton Worldwide Holdings Inc.）亦採三種模式，集團旗下以希爾頓（Hilton Hotels & Resorts）品牌作為集團主力品牌，而某部分的子品牌像花園酒店品牌（Hilton Garden Inn.）、逸林酒店（Double Tree by Hilton）、欣庭酒店（Homewood Suites by Hilton）都使用了冠名背書的方式，讓消費者能快速地將該品牌與這個全球知名酒店品牌連結，進而信任該品牌的服務與品質，加速累積其品牌資產。

有趣的是，該集團旗下的紐約華爾道夫酒店（Waldorf Astoria Hotel New York）[36]與康萊德酒店（Conrad Hotels & Resorts）由於品牌定位為高端、奢華酒店品牌，其品牌特色與集團主力品牌 Hilton 相差甚遠，因此沒有使用「背書模式」，而讓其獨立發展；再加上這兩個豪華酒店品牌已有相當悠久的歷史，具有一定的品牌資產，故當年母集團在做品牌調整時，便將此兩大酒店品牌保留下來，未做更動。

在大陸，知名的亚朵商業管理（集团）股份有限公司的亚朵（ATOUR）亦採用三種模式混合。亚朵旗下的酒店品牌共有六個，其中，亚朵酒店（Atour Hotel）為大陸高人氣的人文酒店，以文學（閱讀）與影像（攝影）連結城市的創作為主題，採「單一模式」；而 SAVHE 萨和採「多元化模式」是亚朵全新打造的高端度假品牌，SAVHE 一詞為「呼吸」之意，意旨營造讓人自在的居住環境，該詞彙源於青藏高原北部的少數民族——傈僳族；採「背書模式」的則有亚朵轻居（Atour Light）、亚朵 S 酒店（Atour S Hotel）、A.T.House 以及 A.T.Living。亚朵轻居以「輕生活、輕社交」為理念，打造一個

有如年輕人般活力的體驗型酒店；亚朵 S 酒店的 S 為 Super 的英文縮寫，意旨升級環境氛圍、公共設施以及客房，提供旅客超越五星級品質的體驗；A.T.House 以開放式的社交空間和高品味的客房為特色；A.T.Living 則是重視質感與品味的高端公寓品牌，並提供租賃服務。

另外，值得特別一提的是亚朵與異業合作首創酒店全新形態的經營模式，由酒店方與異業的智慧財產權（Intellectual Property, IP）結合，形成獨特與個性化的 IP 酒店。亚朵旗下的 IP 酒店有，亚朵·吴酒店、亚朵 S 网易严选酒店、亚朵 THE DRAMA 酒店、亚朵知乎酒店、网易云音乐·亚朵轻居酒店、亚朵 S·虎扑篮球酒店、亚朵 QQ 超级会员酒店、亚朵 S 同道星座酒店，和涵蓋科技、人文、藝術、娛樂、健康等各個生活領域的亚朵腾讯云酒店與亚朵开心消消乐酒店，同樣皆為背書模式。

前述三種品牌架構的主要優點及風險，分別敘述如下：

「單一模式」：其架構簡單清晰，可將資源集中整合、降低宣傳成本、共用品牌優勢，能夠較有效率地累積品牌資產。然而此模式所承擔的風險則是當其中某一個子品牌產生問題時，其餘品牌會連帶受到波及與影響。另外則是此種模式品牌之間差異性低，無法擴大各品牌之間的區分度，較難創造個別品牌特色。

「背書模式」：其優點是可共享品牌優勢，並藉由不同產品線，讓母品牌更多元、豐富；風險則主要在於，若某子品牌發生問題會連帶影響其他品牌。此外，相較於單一

模式，較無法擴大單一市場的市場規模。

「**多元化模式**」：主要優點在於可極大化細分市場的規模，市場風險低，不會因為某一品牌出現問題而殃及其他品牌；但其風險則在於容易形成自我競爭議題，品牌管理成本、複雜度相對較高。

一直以來，老爺酒店集團所要傳遞給旅客的溫度與感覺是：「要讓旅客認為老爺是容易親近的、是溫暖的，而且老爺也是個有故事的地方。老爺酒店集團希望藉由這些訊息及體驗，凸顯出與其他飯店不同之處。」

究竟哪一種模式最適合未來的老爺發展？究竟在集團式飯店的發展歷程中是否有脈絡可循？

老爺酒店集團在品牌架構上最終是選擇了「背書模式」，雖然旗下各品牌的產品有所差異，但還是統一使用「老爺」的品牌。

一方面是集團總裁及董事會對此品牌有深厚感情，較難割捨，而且認為老爺此品牌也行之有年，若將名稱變更可能會讓消費者混淆，甚至失去部分顧客。

雖然短期內，此品牌架構不致有太大調整，但為了因應市場快速發展及保持競爭優勢，老爺酒店集團未來仍有可能轉向多元化模式，以發展更為完整之品牌樣態，開拓新的市場。

未來機會與挑戰

在品牌再造後，老爺酒店集團有了相當不同之面貌。沉潛數十年的酒店集團，轉動了它的巨輪加速往前進。近幾年切入溫泉醫療、走進文化設計，都是新嘗試，具體成效仍待觀察。雖然如此，沈方正執行長仍是樂觀看待新品牌開展初期的顛簸，而他認為不管將來集團品牌如何開展，老爺酒店集團未來的最大挑戰始終是：「人才。」——沈方正執行長如此肯定地說。

自 2010 年後，老爺酒店集團發展速度明顯比以往來得快，集團從「品牌再造」出發，加上「人力資源」重整以及「集團資源」整合，集團有了新的動能，但最大的瓶頸和發展，還是人才。而人才的發展挑戰，可從三個不同位階來看，沈方正執行長認為：

「現在酒店業是有人真的不怕找不到 Project 可以做，因為現在太多人想要做這個行業，只是真正懂得做的人太少，問題在這裡。」

「我們目前的做法是，第一方面，從頭開始培養。所以我們從 Intern 學生開始，就開始把他視為我們企業內的員工，加強對他的照顧、培養，協助學生做好願景及工作生涯規劃；另外一方面，配合我們酒店的拓展速度，從外部也希望能夠引進有共同理念和想法的人才。」

「之前我們提供的機會點太少，而新的機會開出來以後，會主動對外延攬外部人才，這部分會是高階主管（如：集團營運長兼老爺管理顧問股份有限公司總經理鄭家鈞

先生，即是從麗緻酒店集團延攬），所以從最高階和最基層兩方面對外來做，中間的幹部則要自己培養。」

任何企業要能永續發展，人才始終是關鍵，沈方正執行長每一年花很多時間帶員工出去參訪、去住、去玩，帶他們出去吃飯，跟他們出去爬山，跟他們出去衝浪，跟他們出去烤肉。他也提到：

「我們的員工旅遊，國內、國外我都要去，有時候我還去好幾次，去跟他們在一起，因為工作上畢竟還是有一個距離感，大家一起在經歷生活裡面某些事情的時候，那個親密的程度，他對你的感覺是完全不一樣的。」

的確許多員工表示，品牌再造目前最顯著的效果是內部凝聚力的提升⋯⋯老爺酒店集團在未來的人才競爭洪流中，是否能有一番勝出作為？

這幾年在集團品牌再造的效力、新據點的開展，以及沈方正執行長的努力下，在人才的吸磁效果上已見成效。2019 年老爺酒店集團入選《Cheers 快樂工作人雜誌》所調查之全台「新世代最嚮往企業 TOP 100」第 71 名 [37]，其排行勝過許多知名的企業，如：國泰世華銀行（74）以及麥當勞（72）。

人才漸到位，而這幾年在品牌再造的思維下，集團的組織結構也隨之調整。除了由前述鄭家鈞先生擔任集團營運長兼老爺管理顧問股份有限公司總經理統整品牌發展外，在集團內亦增設品牌經理一職，希望能將品牌再造，在集團內徹底落實。

整體而言，目前品牌再造的效益漸漸發酵，隨著「酒店、行旅、會館」的鮮明印象與區隔，「老爺大酒店集團」也改成「老爺酒店集團」，傳統外部對於老爺酒店集團好像只有高端酒店的印象，慢慢被擴大成三個市場區塊，外部邀約合作的機會大為增加，也為未來新據點的開展或者是國外的拓點，奠立更扎實的基礎。此外，品牌再造後，整個集團開始使用共同的語言溝通任何事情、對於特定事情的認知，譬如：我們的品牌個性是什麼？我們的服務之道應該為何？我們品牌價值的重點是什麼？有了更清楚的依循準則及道理，員工績效考核也有更一致的標準與方向。

不過品牌再造的實質效益實非一朝一夕可達成，目前在集團營業額上，並無法看出其顯著之加值效果。但相信，所有的這些努力及布局，以及在一向以國父及坂本龍馬（さかもと りょうま）[38] 為標竿對象，骨子裡藏著滿滿的熱血又浪漫的革命家因子的沈方正執行長之帶領下，老爺集團將走上另一個高峰。

討論**問題**

・老爺酒店集團中，你最感興趣的是哪一家酒店品牌，為什麼？

・老爺行旅是集團品牌發展的重要領頭羊，試分析此品牌的競爭優勢及市場發展機會。

・老爺酒店集團的下一個品牌發展應該朝哪個方向？有沒有標竿學習對象可依循？

個案注釋與**參考文獻**

1　奧美整合行銷傳播集團（Ogilvy & Mather Taiwan）：台灣奧美前身是國泰建業廣告，在 1981 年因應國際化的重要，開始與國外奧美合作，引進作業及訓練，共同經營國際性客戶。在 1985 年合資成立台灣奧美廣告，歷經 26 年的成長發展，目前建構了奧美廣告、奧美公關、世紀奧美公關、奧美互動行銷、我是大衛廣告、奧美數位媒體行銷、經緯行動策略行銷以及紅坊創意 H&O 等專業分工單位，提供客戶建立品牌所需之全方位 360 度的整合行銷傳播服務。其母公司全球奧美成立於 1948 年，創辦人大衛・奧格威與眾多全球知名品牌並肩作戰，創造了無數市場奇蹟，它們包括：美國運通（American Express）、福特（Ford）、旁氏（Pond's）、多芬（Dove）、麥斯威爾（Maxwell House）、IBM、柯達（Kodak）等。

2　互助營造股份有限公司（Fu Tsu Construction）：創立於 1949 年，老闆林清波先生以互助為經營理念，也是互助營造取名的由來。因為創辦人深覺事業的成功，除了個人的努力之外，必須靠人與人之間的互相幫助、彼此照顧，將付出視為對自己的受益。目前公司資本額超過二十餘億元，年營業額超過百億元，最知名的案子為 2000 年參與台灣高速鐵路工程興建。

3　邱永漢：1924-2012 年，為台灣裔實業家、日本作家與經濟評論家，本名邱炳南，出身台南，歸化日本後改名為永漢，之後長居於日本，被譽為「日本股神」、「賺錢之神」。在台創辦永漢日語、永漢國際書局及《財訊》雜誌等。

4　國賓大飯店（Ambassador Hotel）：為台灣頗負盛名的旅館集團，最早的台北店位於中山北路，1962 年開始建設，1964 年正式開業，為全台灣第一家國際觀光飯店，目前新竹、高雄也有據點，其中台北及新竹國賓大飯店獲得全球獨立酒店集團 Worldhotels 認證為豪華系列飯店。旗下副品牌則為「意舍酒店」（amba），為國賓大飯店集團慶祝走過半世紀，特以「傳承經典、永續創新」為目標，在 2012 年創立的全新創意品牌。意舍以環保、科技、創意作為三大 DNA 創新市場定位。目前在台北有台北西門町、中山和松山店。該集團之餐飲亦相當知名，例如：屢獲殊榮的 A Cut 牛排館、正宗道地的川菜廳，以及結合了法式藝術與日式精緻的國賓麵包房等餐飲品牌。

5 統一大飯店（United Hotel）：由東興實業公司建造，位於台北中山區德惠街 9 號。1964 年
10 月 12 日飯店舉行開幕典禮，由行政院長嚴家淦剪綵。當年規劃為國際級的觀光飯店，
建材和裝潢技術均是當時之最。在那個年代，成為政商名流宴會、國際要人或藝人下榻、
名媛貴婦時裝走秀活動的首選。然而，35 年後，統一大飯店已不敷時代需求。1998 年 11
月 15 日，一塊巨幅的紅色布幕自頂樓緩緩落下，完美地為飯店光榮落幕。後來在原址上興
建現在的「世界之頂」商業大樓。

6 大倉日航酒店管理集團（Okura Nikko Hotel Management Co., Ltd.）：1970 年成立於日本東
京，原隸屬於日航集團，2010 年被日本大倉（Okura）飯店集團買下經營。其業務遍布美
洲、歐洲及亞太地區，每家酒店皆以日本傳統的待客之道結合當地的文化特色，提供最優
質的服務。目前台北老爺酒店（Hotel Royal-Nikko Taipei）、帛琉老爺酒店（Palau Royal
Resort）、越南西貢老爺酒店（Hotel Nikko Saigon）皆為此集團之會員。大倉日航酒店管理
集團旗下之酒店數量，日本國內共有 45 家，海外共有 25 家。

7 雅高酒店集團（AccorHotels）：1967 年成立於法國巴黎，是全球著名的飯店集團之一，其
業務遍布一百多個國家，在全球擁有超過 4,900 家旅館，聘用逾 280,000 名員工，每年營業
額超過 70 億歐元。老爺酒店集團的模里西斯帝王酒店（Sofitel Mauritius L'mpérial Resort &
Spa）、台北諾富特華航桃園機場飯店（Novotel Taipei Taoyuan International Airport）皆由法
國雅高酒店集團經營管理。2014 年起，雅高酒店集團與大陸華住酒店集團形成長期策略聯
盟，共同開闢在中國大陸、台灣以及蒙古等地區的市場；大陸華住酒店集團是中國第一家
多品牌的連鎖酒店管理集團，其在中國四百多個城市裡，已經擁有四千多家酒店和八萬多
名員工。雅高酒店集團與大陸華住酒店集團的合作模式為，雅高的資金及旗下的諾富特
（Novotel）、美居（Mercure）、宜必思（Ibis）和宜必思尚品（Ibis Styles）等品牌將出現
在華住網的網際網絡，而上述品牌的酒店將繼續按雅高的品牌標準進行管理，並受益於中
國華住集團在地的支援。2016 年，雅高收購華住 10.8% 之股份，並獲得華住酒店集團的一
個董事席位。2018 年 4 月 30 日雅高酒店集團以 5.6 億瑞士法郎（約合 5.63 億美元）收購在
全球 27 個國家擁有 84 間酒店（超過 2 萬間客房）的瑞士瑞享酒店及度假村（Movenpick
Hotels and Resorts），同年 6 月 5 日以 12 億澳元的價格成功收購 Mantra 集團。本次收購的
品牌包括 Mantra、Peppers、BreakFree 和 Art Series，囊括了澳大利亞、紐西蘭、夏威夷和峇
里島的 138 家酒店。

8 新光集團（Shin Kong Group）：台灣大型企業集團，由吳火獅與洪萬傳、林登山創立。在
1945 年所創辦的「新光商行」，命名由來是結合吳火獅家鄉新竹的「新」字，以及創業前
在日治時代受提攜的恩人小川光定之「光」字而成，有感恩念本之意。現主要由吳火獅四
位兒子吳東進、吳東賢、吳東亮與吳東昇負責經營，旗下企業涵蓋紡織、合成纖維、瓦
斯、百貨食品、建設、保全、電腦、金融保險等領域。

9 洲際酒店集團（InterContinental Hotels Group PLC, IHG）：全球化酒店集團，在全球一百多個國家和地區營運，特許經營酒店則超過 5,400 家，客房超過 809,000 間。洲際旗下的酒店品牌有洲際酒店及度假村（InterContinental Hotels & Resorts）、假日酒店及假日度假酒店（Holiday Inn）、皇冠假日酒店（Crowne Plaza Hotels）、智選假日酒店（Holiday Inn Express）、英迪格酒店（Indigo）。在台灣目前有高雄中央公園英迪格酒店（Hotel Indigo Kaohsiung Central Park）、新竹科學園英迪格酒店（Hotel Indigo Hsinchu Science Park）、台中公園智選假日酒店（Holiday Inn Express Taichung Park）、桃園智選假日酒店（Holiday Inn Express Taoyuan）與台北假日度假酒店（Holiday Inn East Taipei）、台南大員皇冠假日酒店（Crowne Plaza Tainan）、台北大安金普頓酒店及餐廳（Kimpton Hotels & Restaurants）。

10 久米設計（くめ　せっけい）：為久米権九郎在 1932 年於德國與英國學建築歸國後所成立之久米建築事務所。總部設在東京都江東區，員工總數約 550 名，至 2019 年分公司數量有九間，分別位於札幌、日本東北地區、名古屋、大阪市、九州、上海市、北京市、河內市、胡志明市。於 2011 年大力提倡並建議社會朝向 Life Continuity Building（LCB）的一個新概念。其知名建築有：東京希爾頓酒店、札幌大酒店、台北馬偕紀念醫院、日本駐泰國大使館、上海古北國際財富中心等。

11 一泊二食（いっぱく　にしょく）：係指住宿一晚、包含兩餐（早中晚餐不特定，但通常會指早、晚餐）。此方式源於日本傳統旅館的住宿文化，業者可以根據自訂的住宿方案來決定，並沒有一定的形式，例如：一泊一食、二泊二食等等都有，以此類推。

12 世界小型奢華酒店（Small Luxury Hotels of the World, SLH）：1989 年成立，擁有跨八十多個國家、五百多家酒店的酒店聯盟，成員酒店大都是平均客房數在 50 間的精緻小酒店，並且提供許多令人驚喜的奢華服務。2019 年台灣現在有掛上 SLH 的飯店共有六間，分別是：台北怡亨酒店（Hotel Éclat Taipei）、神旺商務酒店（San Want Residences Taipei）、礁溪老爺酒店（Hotel Royal Chiao Hsi）、南投老英格蘭莊園（The Old England Manor）、宜蘭悅川酒店（The Walden）以及彰化鹿港永樂酒店（UNION HOUSE Lukang）。

13 世界貿易組織（World Trade Organization, WTO）：是負責監督成員經濟體之間各種貿易協議得到執行，負責管理世界經濟和貿易秩序的一個國際組織，獨立於聯合國的永久性國際組織。前身是 1948 年開始實施的關稅暨貿易總協定的祕書處。世貿總部位在瑞士日內瓦，於 1995 年 1 月 1 日正式開始運作，截至 2019 年 7 月為止，世貿組織正式成員已經達到 164 個。

14 OT（Operate-Transfer／營運—移轉）：OT 係指由政府投資興建完成後，委託民間機構營運；營運期間屆滿後，營運權歸還政府，例如：宜蘭國立傳統藝術中心、台灣大學尊賢會館、關子嶺統茂溫泉會館、屏東墾丁海生館、台肥南港經貿園區。其他民間機構參與公共

建設之方式還有：BOT（Build-Operation-Transfer／興建—營運—移轉）：政府提供土地，由民間機構投資興建並營運，營運期滿，該建設所有權移轉給政府，例如：101 大樓、台灣高鐵、松菸文創園區，以及世界最為著名的英法海底隧道。BOO（Build-Operation-Own／興建—營運—擁有）：配合國家政策，民間機構自備土地及資金興建營運，並擁有所有權，業者可享減免稅及優惠融資等好處，相對要提供回饋條件，例如：日月潭纜車系統、雲林古坑賽馬場。BTO（Build-Transfer-Operation／興建—移轉—營運）：政府提供土地並投資興建後，再移轉民間機構營運，例如：海水淡化廠。ROT（Reconstruction-Operation-Transfer／重建—營運—移轉）：政府舊建築物，由政府委託民間機構或由民間機構向政府租賃，予以擴建、整建、重建後並營運，營運期滿，營運權歸還政府，例如：高雄打狗英國領事館。

15 南紡購物中心（Tainan Spinning Mall）：舊稱為南紡夢時代購物中心，主要是因為避免讓民眾與高雄夢時代購物中心混淆，而後改為「南紡購物中心」。由台南紡織股份有限公司投資興建，且由台南紡織股份有限公司與統一企業集團統正開發股份有限公司（夢時代購物中心開發及營運團隊）各投資 50%資金，成立南紡流通事業股份有限公司，攜手進行規劃設計、招商與營運管理，為兩大企業集團首次共同合作之大型商業開發案。2015 年 2 月底前正式開幕，成為台南市最大的購物中心；購物中心的 6 到 10 樓為台南老爺行旅。

16 台南紡織股份有限公司（Tainan Spinning）：台南紡織股份有限公司，簡稱台南紡織或南紡，創立於 1955 年 3 月 21 日，主要生產棉紗、化纖產品，是台灣最大的聚酯棉與紡紗廠。

17 統正開發股份有限公司（President Fair Development Corp.）：為統一企業集團旗下關係企業流通事業子公司，秉持「誠實苦幹」、「創新求進」的經營理念及提供消費者最體貼完善的產品與服務品質，從過去單純的傳統食品製造，跨足至消費零售領域，發展成為一個多元化經營的健康服務民生產業集團。現在已在南台灣高雄市打造一個購物中心——「夢時代購物中心」（Dream Mall），且以此為基地，積極培育相關的人才、技術與廠商合作關係。並在全台灣持續發展購物中心事業，2015 年「南紡購物中心」開幕，同年底計畫於高雄夢時代對面之土地進行二、三期四星級以上飯店與商辦大樓等計畫。而另外一家位於台北信義區的阪急百貨於 2016 年與日本阪急百貨合作協議到期，改名為統一時代（Uni-President Department Store）。

18 麥肯諾建築師事務所（Mecanoo）：1984 年成立於荷蘭，擁有來自 25 個國家的建築師、室內設計師、都市規劃師、景觀建築師與建築工程師。公司由主創建築師 Francine Houben 與技術總監 Aart Fransen 所領導，藉由組織良好的工作模式，得以在超過 25 年的執業過程中專注於建築技術與細部的發展。著名作品為英國伯明罕圖書館（Library of Birmingham）與REP 劇場；在台灣的作品則有高雄衛武營藝術中心、北投老爺酒店、台南老爺行旅、宜蘭傳藝老爺行旅、南港老爺行旅及高雄車站（興建中）等。

19 W 飯店（W Hotels）：是一家跨國的飯店品牌，第一間 W 飯店於 1998 年開幕於紐約，屬
於萬豪國際（Marriott Internation），以時尚、音樂、設計與流行文化等創新風格吸引高端
客戶。其經營理念在於成為各城市文化的中心，結合當地特色發展出令人印象深刻的設計
概念。截至 2019 年，W 在全球 24 個國家共經營 61 家飯店。

20 唐家興（2012），〈老爺酒店全面集團化 2014 年前再添兩據點〉，欣傳媒，取自：http://
news.xinmedia.com/news_article.aspx?newsid=82038&type=0

21 黃聲遠：台灣建築師，耶魯大學建築碩士畢業，為田中央聯合建築師事務所創辦人，在宜
蘭落腳多年，對建築有極多的想法。黃聲遠建築師在宜蘭打造多個指標性建築像是：丟丟
噹森林、羅東文化工場、壯圍沙丘旅服中心，作品都從在地地理水文環境出發，設計公共
空間，將人工建築融入大自然，希望自然景致與美學共存。

22 南港展覽館 2 館：中華民國經濟部為發展國家會展中心，以台北市南港區南港國民小學舊
址為基地所建置，基地面積 3.36 公頃。目前由中華民國對外貿易發展協會承租營運，2019
年 3 月 4 日完工啟用，加上台北南港展覽館 1 館，成為台灣首座可容納五千個標準展示攤
位的國家級大型專業展覽館群。

23 晶華國際酒店集團（Silks Hotel Group）：晶華國際酒店集團成立於 1991 年，由創始人潘孝
銳和東帝士集團創始人陳由豪合作，與麗晶酒店集團簽約取名為「台北麗晶酒店」。1993
年，台北麗晶酒店脫離麗晶酒店連鎖體系，改名為「晶華酒店」。2000 年，東帝士集團爆
發財務危機，潘氏家族收購東帝士集團持有的晶華酒店股權，全面掌握晶華酒店經營權，
並由潘孝銳次子潘思亮領軍，在 2004 年進軍連鎖餐飲市場，2006 年 12 月更進一步收購達
美樂披薩在台經營權。2010 年 4 月 16 日，晶華酒店從美國卡爾森集團（Carlson
Companies）手中收購麗晶酒店連鎖體系，創下台灣本土旅館業者收購國際品牌首例，也使
晶華酒店邁入跨國連鎖旅館品牌之列，集團更名為「晶華麗晶酒店集團」（FIH Regent
Group）。2018 年，晶華董事長潘思亮將「麗晶」（Regent）51%的股權賣給英國洲際酒店
（InterContinental Hotels Group, IHG），但保有晶華的經營權，集團更名為「晶華國際酒店
集團」（Silks Hotels Group）；2018 年 7 月晶華和洲際成立合資公司 RHW（Regent
Hospitality Worldwide），共同經營麗晶品牌，並由持股 49%的晶華酒店董事長潘思亮擔任
董事長，而洲際則拿下除了台灣晶華之外的全球麗晶經營管理發展權。目前晶華國際酒店
旗下包含台北晶華（Regent Taipei）、晶英（Silks Place）、晶泉丰旅（Weelspring by Silks）
品牌及捷絲旅（Just Sleep）品牌，希望以多品牌策略發展，搶攻飯店業的市占率；餐飲品
牌則有故宮晶華、泰市場、Mihan Honke 三燔、台北園外園、義饗食堂、晶華冠軍牛肉麵
坊、Just Grill 牛排館、達美樂 Pizza 等。

24 雲朗觀光集團（LDC Hotels & Resorts）：為台灣和信集團經營的連鎖旅館品牌，在台灣擁有五個品牌，歐洲（義大利）擁有五個據點。是一個結合人文藝術和極致服務的連鎖飯店系統，主要是從事旅館事業的開發、經營和周邊相關事務，藉此擴充累積已達 30 年的連鎖飯店經營基礎。雲朗秉持強調「態度」、「速度」和「細度」的管理哲學，為旅客提供各種精緻周到的服務。自 1998 年起開始發展加盟業務，針對加盟或委託經營管理之飯店提供開業前的規劃技術服務、籌備服務以及開業後加盟或委託經營管理服務。2013 年更拓展至海外市場，於義大利購入五家飯店：聖莊（Relais Sant'Uffizio）、嵐莊（Relais Villa Monte Solare）、蓉莊（Villa Ortaglia）、雲水之都（Palazzo Venart Luxury Hotel）、羅馬大飯店（A. ROMA），面對台、義文化差異的挑戰，有別於老爺集團在模里西斯的帝王酒店，採用委外給雅高酒店集團的經營模式，雲朗則是採用將自己人帶到義大利的飯店經營管理。目前在台灣旗下所屬的旅館品牌有君品（Palais de Chine Hotel）、雲品（Fleur de Chine Hotel）、翰品（Chateau de Chine Hotel）、兆品（Maison de Chine Hotel）、品文旅（Hotel Pin），餐飲品牌則有頤品（Gala de Chine）、品中信（Dim Sum De Chine）、頤璽（Gala De Luxe）等。

25 核心能力（Core Competency）：指公司具有一些能帶給顧客價值的獨特技能、資源、服務及科技。其來源乃是經由員工及組織在技能、資源、服務及科技等整合之效，以及藉由工作中之群體學習的方式逐漸累積，使得競爭者難以模仿，是創造與維持公司競爭優勢之泉源。例如：晶華國際酒店集團的核心能力即為「能即時即刻貼近市場脈動的創意思維」。

26 半島酒店集團（The Peninsula Hotels）：為管理高檔飯店之集團，並提供商用及民用住宅管理之服務。母公司為 1922 年開始在上海管理第一家飯店的上海香港大酒店有限公司（The Hongkong and Shanghai Hotels, Limited）。全球旗下有 10 間半島酒店〔香港（旗艦酒店）、上海、東京、北京、紐約、芝加哥、比華利山、曼谷、馬尼拉及巴黎；伊斯坦堡、倫敦和仰光的半島酒店目前也正在籌建之中〕，而香港半島酒店於 1928 年開幕時有「遠東貴婦」之稱，為香港乃至全球最豪華、最著名的酒店之一，也是香港現存歷史最悠久的酒店，基於其極為珍貴的歷史及建築價值，酒店建築被古物古蹟辦事處評審為一級歷史建築。1972 年成立半島集團的目的是將管理與營銷這兩部分的運作單列開來。另有商用大樓如：凌雲閣購物商場、聖約翰大廈與半島辦公大樓，也有大班洗衣（香港）、香港山頂纜車與半島商品等品牌。

27 香格里拉集團（Shangri-La Asia Limited）：為亞洲地區最大的豪華連鎖酒店之一，此集團為香港上市公司嘉里建設大股東郭鶴年家族所持有。郭鶴年（1923 年至今）為馬來西亞聲名顯赫的華人企業家，有亞洲糖王之稱，事業版圖發展到新加坡、泰國、中國、印尼、斐濟和澳大利亞等地。1971 年，郭鶴年與新加坡經濟發展局合資建成了新加坡第一家豪華大酒店——香格里拉大酒店，並開始在亞太地區擴張，打造香格里拉酒店品牌。今日的香格里拉集團總部位於香港，目前為止擁有一百多家酒店和度假村共四萬多間客房，涵蓋亞太地

區、北美、中東和歐洲等地區；集團目前旗下酒店品牌包括香格里拉酒店、香格里拉度假村、貿盛飯店、嘉里大酒店及金旅酒店。而「香格里拉」的名稱來自於作家 James Hilton 的小說《失落的地平線》，其內文描述在中國西藏群山中的世外桃源，藉此呼應香格里拉酒店享譽國際的寧靜氛圍與卓越服務。

28 企業識別系統（Corporate Identity System, CIS）：是指一個企業所能標識自己、區別外界的內在特點和個性。它是塑造企業形象的一種有力手段。將企業的經營理念與精神文化，運用整體傳達系統傳給企業內部與社會大眾，並使其對企業產生一致的認同感。或運用視覺設計手段，透過標誌的造型和特定的色彩等表現手法，使企業的經營理念、行為觀念、管理特色、產品包裝風格形成一種整體形象。世界第一套最完整的企業識別系統是於 1956 年由名設計師 Elito Noyes 和 Paul Rand 為 IBM 公司所規劃設計；而台灣第一套完整的 CIS 為郭淑雄先生於 1967 年為台塑關係企業所規劃設計。

29 Kotler, P. (1967). *Marketing management: Analysis, planning, implementation and control*. Englewood Cliffs, N. J. : Prentice Hall.

30 Bernstein, D. (2003). Corporate brands-back to basics. *European Journal of Marketing, 37*(7/8), 1133-1141.

31 Schroeder, J. E., & Salzer-Morling, M. (2006). *Brand culture*. New York: Routledge.

32 品牌承諾（Brand Promise）：指一個品牌給消費者的所有保證。品牌向消費者承諾什麼，反映出一個企業的經營理念，品牌承諾包含產品承諾，又高於產品承諾。一個整體的產品概念包括三個方面：(1) 核心產品：核心產品是指向顧客提供產品的基本效用或利益，例如：看電影買的是娛樂；(2) 形式產品：形式產品是指核心產品透過市場提供的實體和勞務的外觀，包括品質、樣式、特徵、商標及包裝等；(3) 延伸產品：延伸產品是指顧客購買產品時，附帶獲得的各種利益的總和，包括產品說明書、保證、安裝、維修、送貨、技術培訓等。

33 品牌架構（Brand Architecture）：品牌架構是指用來組合各種品牌的角色和各品牌之間的關係。形式可區分為三類：(1) 單一模式：企業所有的分支都使用共同的名稱和一套視覺系統（例如，文華東方酒店、星巴克）；(2) 背書模式：企業擁有不同品牌，但每個品牌的產品都有企業名稱的背書和視覺風格（如，老爺酒店集團旗下的老爺酒店、老爺行旅、老爺會館；寒舍餐旅集團旗下的寒舍艾美、寒舍艾麗、寒舍空間）；(3) 多元化模式：企業擁有不同的品牌與商業識別，或者它們各自之間是沒有關聯的（例如，王品集團旗下的西堤、陶板屋等；晶華國際酒店集團旗下的晶英、捷絲旅；雲朗觀光集團旗下的君品、雲品、翰品、兆品）。上述三種類別並不是嚴格區分，它們之間也有很多地方會重合。

34 品牌表現（Brand Performance）：指提供產品或服務滿足顧客需要的方式，是品牌固有的屬性及由這些屬性所能提供給顧客的利益。不同的產品，其品牌表現的屬性和提供給顧客的利益都不同。通常品牌有五種重要的屬性及其所形成的對顧客的利益，它們構成了品牌表現的基礎：產品滿足需求與慾望；產品的可靠性、耐用性與方便性；服務的效果、效率與人性化；風格與樣式；以及價格。

35 品牌資產（Brand Equity）：係指與品牌、品牌名稱和標誌相聯繫，能夠增加或減少企業所銷售產品或服務的價值之一系列資產與負債。主要包括五個方面，即品牌忠誠度、品牌認知度、品牌感知質量、品牌聯想、其他專有資產（例如：商標、專利、通路關係等），這些資產透過多種方式向消費者和企業提供價值。

36 紐約華爾道夫酒店（Waldorf Astoria Hotel New York）：於 1893 年開設在紐約曼哈頓的第五大道（Fifth Avenue），成為美國紐約地標之一的五星級大飯店。清朝北洋通商大臣、直隸總督李鴻章在 1896 年曾下榻於此，成為第一位入住的中國官員。1929 年因華爾街崩盤經營不善賣給建商，1931 年遷到花園大道（Park Avenue）重新開張，是當時世界上最高的酒店，而在第五大道的原址則建了現今的帝國大廈。1949 年華爾道夫酒店被希爾頓全球酒店集團（Hilton Worldwide Holdings Inc.）收購。2014 年希爾頓全球酒店集團以 19.5 億美元出售給中國安邦保險集團，同時安邦保險集團也同意希爾頓全球酒店集團繼續管理華爾道夫酒店。酒店除了美國歷任總統和歐美領袖外，胡錦濤、宋美齡、陳水扁等兩岸領袖都曾入住，而「玉婆」伊麗莎白・泰勒（Elizabeth Taylor）、性感女星瑪麗蓮・夢露（Marilyn Monroe）也曾大駕光臨。值得一提的是該飯店地下 4 樓藏有祕密地鐵月台，保護貴賓的隱私。

37 Cheers 編輯部（2019，Mar），〈2019 新世代最嚮往企業 Top100〉，《Cheers 快樂工作人雜誌》，特刊 221 號。

38 坂本龍馬（さかもと りょうま）：1836-1867 年。為日本幕末時期的土佐藩鄉士，後來兩度脫藩而成為維新志士，是促成薩摩及長州二藩成立軍事同盟的重要推手之一，而由其向後藤象二郎所提出的船中八策，也成為後來維新政府的重要指導方針。死後，由明治維新後的新政府追贈正四位（明治 24 年，1891 年 4 月 8 日）。本名直陰（後改為直柔），於志士活動期間為了避人耳目曾使用假名「才谷梅太郎」。

NOTE

「為什麼要做這一件事？」

它是漫長的付出與堅持，從 2010 年到 2017 年

只是，十家頂尖企業個案撰寫，卻一直看不到那個終點……

夢想，就是這麼一回事，No pains, no gains!

我們專訪兩岸超過 32 位企業創辦人、董事長、CEO、高階主管

為了更深入，超過 28 位中階主管、基層員工也被我們叨擾了一番

7 年來，每週的個案會議，用盡 20 多位參與夥伴的腦力、體力、洪荒之力

這件事呢，一輩子做一次就好！

而，「為什麼要做這一件事？」

因為我們的學生，需要更深度地向觀光餐旅企業學習

因為我們的企業，需要有更深入的標竿學習對象

終點，終於在眼前

謝謝香妃、玟妤、瑞倫、怡嘉、玫慧、振昌、佑邦、立婷、

亭婷、耀中、佩俞、宛翏、曉曼、宣麟、悉珍、思穎、

重嘉、敏婕、岱雯、晏瑄、瑞珍一路相助

更要特別感謝這十家台灣原生的頂尖觀光餐旅企業

沒有您們的首肯及持續鼎力協助，也很難做下去

如此精采，我們衷心感謝：(按完成順序)

好樣、易遊網、薰衣草森林、王品集團、晶華國際酒店集團

老爺酒店集團、欣葉國際餐飲集團、雄獅集團、飛牛牧場、中華航空公司

王國欽 再版謹書于師大
2019 年

兩岸頂尖企業專訪與個案研究 75022

老爺酒店集團的故事【第二版】

作者：王國欽、駱香妃、陳玟妤、陳瑞倫

執行編輯：陳文玲／總編輯：林敬堯／發行人：洪有義

出版者：心理出版社股份有限公司／地址：231 新北市新店區光明街 288 號 7 樓

電話：(02) 29150566／傳真：(02) 29152928

網址：http://www.psy.com.tw／電子信箱：psychoco@ms15.hinet.net

郵撥帳號：19293172 心理出版社股份有限公司

駐美代表：Lisa Wu（lisawu99@optonline.net）

排版者：菩薩蠻數位文化有限公司／印刷者：辰皓國際出版製作有限公司

初版一刷：2017 年 4 月／二版一刷：2019 年 10 月

ISBN：978-986-191-885-3／定價：新台幣 120 元

ISBN 978-986-191-885-3
00120
9 789861 918853

兩岸頂尖企業專訪與個案研究
Interviews and Case Studies of Elite Enterprises: Taiwan and Mainland China

雄獅集團的故事

第二版（2019 年版）

王國欽、駱香妃、陳玟妤、陳瑞倫　著

心理出版社

CONTENTS

目次

Lion Group